H ö f e l e · *Militärmusik–Festivals*

AF285939

Bernhard Höfele

Kleine Geschichte

des

Militärmusik–Festivals

in Deutschland

Herstellung und Verlag:
Books on Demand GmbH, Norderstedt

Bildnachweis:
IMZBw Bildarchiv

© 2008 by Dr. Bernhard Höfele
        Lupinenweg 7
        D – 53229 Bonn
http//www.militaermusik-online.de

1. Auflage 2008

ISBN 978-3-8370-5840-6

Covergestaltung:
Vincent Dilg

Vorwort

Die Militärmusikfestivals erfreuen sich in Deutschland großer Beliebtheit. Immer mehr Städte planen solche Großveranstaltungen und nehmen damit „Militärmusik" in ihr kulturelles Jahresprogramm auf. Dabei haben solche „Shows" in Deutschland keine jahrzehnte- oder gar jahrhundertealte Tradition, sondern sind erst nach dem zweiten Weltkrieg infolge der Anwesenheit ausländischer Musikkorps in Deutschland entstanden. Warum nicht schon früher in der langen Tradition der deutschen Militärmusik gemeinsames Spiel mit Musikkorps aus verschiedenen Ländern möglich war, wird in der Broschüre aufgezeigt. Auch kann der interessierte Leser erfahren, welche Probleme beim gemeinsamen Spiel zu bewältigen sind, und wie viele Vorbereitungen für den erfolgreichen Auftritt eines Musikkorps bei einem Militärmusik–Festival erforderlich sind.

Bonn, im April 2008

Dr. Bernhard Höfele

I N H A L T

6. Musikschau der Nationen 1970 in Bremen

I.

Zur Geschichte

der instrumentalen Besetzung

von Militär–Blasorchestern

Um an den Anfang des gemeinsamen Spiels von mehreren Blasorchestern in unterschiedlichen instrumentalen Besetzungen zu gelangen, muss man viele Jahre zurückgehen. Militär-Musikkorps gab es zwar schon seit dem 16.Jahrhundert und in allen Ländern, aber dass diese gemeinsam musizierten, war aus instrumentalen Gründen gar nicht möglich. Zu unterschiedlich waren die Instrumente und die Zusammensetzungen der Orchester. In den deutschen Ländern z. B. gab es Anfang des 19.Jahrhunderts allein im militärischen Bereich noch vier völlig unterschiedliche Besetzungen. Das waren die jahrhundertealten Trompeterkorps, die traditionellen Trommler- und Pfeiferbesetzungen, die Jägerkorps mit ihrem typischen Hörnerklang und schließlich noch die aufwändigen Regimentsmusikkorps mit ihrem typischen Janitscharen–Schlagzeug. Vor allem aber gab es keine einheitliche Stimmung der Instrumente und keinen einheitlichen Kammerton. Jeder Kapellmeister musste die Musikstücke für die Instrumente seines Orchesters einrichten. Teils waren es finanzielle Gründe, teils waren es aber auch unterschiedliche klangliche Vorstellungen und bevorzugte Hörgewohnheiten, die den Ausschlag für eine ganz bestimmte instrumentale Besetzung gaben.

Die Musikkorps der berittenen Truppen, die *Trompeterkorps oder Kavalleriekorps,* wie sie genannt wurden, waren seit Jahrhunderten mit den Instrumenten Trompeten und Pauken ausgestattet. Erste schriftliche Quellen lassen sich bereits im 16. Jahrhundert finden. In Friedenszeiten spielten sie bei ihren Fürsten zu alltäglichen und besonderen Ereignissen. In Kriegszeiten waren die Trompeter im Feld unersetzliche Befehlsverkünder. Sie setzten militärische Befehle ihres Feldherrn in Signale um und machten sie damit allen Soldaten bekannt. Verständlich, dass diese Signalsprache nur die eigene Truppe verstehen durfte. Daher war es streng verboten, die Signale und ihre Bedeutung aufzuschreiben oder Unbeteiligten bekannt zu machen.

Die Musikstücke, die in Friedenszeiten von den Trompeterkorps gespielt wurden, waren für deren Instrumente eigens komponiert und konnten auch nur von ihnen gespielt werden. Für ihre verantwortungs- und vertrauensvolle Signaltätigkeit waren die Hof- und Feldtrompeter bei Hofe wie auch beim Volk hoch geachtet.

Später – etwa nach 1800 – kamen mit dem Aufkommen der Ventile bei den Blechblasinstrumenten auch andere Instrumente wie Flügelhorn, Tenorhorn, Baritontuba und schließlich nach deren Erfindung 1835 auch die so wichtige Basstuba hinzu. Mit dieser Besetzung konnten die Trompeterkorps dann schon beachtliche Kunstmusik hervorbringen.

Parallel zu den Trompeterkorps spielten für das soldatische Fußvolk die *Trommler und Pfeifer* – heute noch als Spielleute oder Spielmannszug bekannt. Von ihnen hatten die Trommler als Signalgeber im Feld die gleichen Aufgaben wie die Trompeter bei den berittenen Truppen. Im Lager und zu ruhigen Zeiten unterhielten und erfreuten die Spielleute (Trommler und Pfeifer) die Fußsoldaten mit ihrem Spiel. Außerhalb des Lagers beteiligten sie sich mit ihrem Spiel an Werbeveranstaltungen und sorgten so für Neueinstellungen bei den Landsknechten.

Mit dem Aufkommen der Horninstrumente als künstlerische Musikinstrumente, circa 1700, fanden sich schnell Liebhaber des ganz typischen Klangs dieser Instrumente. Die Jägertruppen bevorzugten Musikensembles, die fast ausschließlich mit Horninstrumenten besetzt waren. Das in „Halbmondform" gebogene Instrument (siehe Abbildung) bildete für lange Zeit den instrumentalen Grundstock für die so genannte „Jägermusik".

Neben Naturtrompete und Posaune gehörte das Horn zu den ersten Blechblasinstrumenten. Anfang des 19. Jahrhunderts kamen weitere Blechinstrumente wie Ventiltrompete, Flügelhorn, Tenorhorn und auch die Basstuba zu den Jäger–Musikkorps hinzu. Ein Überbleibsel der ersten Hornensembles bilden heute noch die Hörnergruppen der Jäger, die sich traditionsgemäß zum Schluss einer Jagd hören lassen.

so genannter „Halbmond"

Im Unterschied zu den Trompeterkorps der Fürsten und Ritter, deren Klang hart und klar war, hörte sich eine Besetzung mit vorwiegend Hörnern weich und lieblich an, was nicht wenige Militärmusikliebhaber bevorzugten. Auch die Musikstücke dieser Ensembles mussten und wurden eigens komponiert und an die instrumentalen Möglichkeiten angepasst.

Um die Mitte des 19. Jahrhunderts war die große Zeit der Trompeterkorps und der Jägermusik jedoch vorbei. Die typische **Regimentsmusik**, entstanden um ca. 1800, hielt man allein für zukunftsträchtig, und die weitere Entwicklung in Richtung des heutigen „**symphonischen Blasorchesters**" bestätigte diese Meinung. Hierzu gehörten neben den Holz- und Blechblasinstrumenten insbesondere das so genannte „Janitscharen–Schlagzeug", bestehend aus großer Trommel, Becken und Triangel. Diese Schlagzeugkombination, die bis heute ein Militärmusikkorps unüberhörbar prägt, stammt aus der türkischen Militärmusik. Dort gehörte sie zur Musik der türkischen Elitetruppen, den „**Janitscharen**". Auch der „**Schellenbaum**", das untrügliche Zeichen der deutschen Militärmusik, stammt aus derselben Quelle. Während der Kriege gegen die Türken in der zweiten Hälfte des 17. Jahrhunderts fielen den westlichen Truppen zahlreiche türkische Musikinstrumente in die Hände. Und einmal – im Jahre 1697 – eroberten die kaiserlichen Truppen Leopolds I. unter dem Oberbefehl des Prinzen Eugen von Savoyen sogar eine komplette türkische Militärkapelle. Danach galt es an einigen Fürstenhöfen als schick, solche türkenähnliche Musikkapellen zu unterhalten. Übrig geblieben sind bis heute das Janitscharen-Schlagzeug und der Schellenbaum.

Als um 1800 das gemischte Instrumentarium – vor allem mit den fortan tonangebenden Holzblasinstrumenten, die bis dahin kaum Beachtung fanden – ins große Blasorchester Einzug hielt, wurde diese Neuerung nicht von allen gut geheißen. Die Liebhaber der Trompeterkorps wie auch die Verfechter des typischen Hornklangs bestanden auf ihren Instrumentenbesetzungen. In zahlreichen Schriften lieferten sich Befürworter wie Gegner erbitterte Vorhaltungen und verteidigten ihre musikalischen Ansichten und Klangvorstellungen. An ein **gemeinsames Spiel** gar war überhaupt nicht zu denken, denn die so unterschiedlichen Instrumentengruppen wie Trompeten und Pauken, Flöten und Trommeln sowie verschieden große Hornistrumente passten einfach nicht zusammen – so glaubte man jedenfalls zu dieser Zeit.

Erst als sich ausgerechnet ein Zivilist, dessen Vater zwar Militärtrompeter gewesen war, er selbst aber nie Soldat war und auch nie in einem Musikkorps – gleich welcher Instrumentenbesetzung – Dienst verrichtet hatte, sich aus persönlichem Interesse der Militärmusik annahm, änderte sich die öffentliche Meinung.

II.

Der Vater des Zusammenspiels

von

Militär–Musikkorps

Wilhelm Wieprecht

Wilhelm Wieprecht (1802 – 1872), von dem hier die Rede ist, absolvierte nach seiner Schulentlassung bei seinem Vater im städtischen Musikbetrieb von Aschersleben – einer so genannten *Stadtpfeife* – eine musikalische Ausbildung als Geiger, Klarinettist und Posaunist. Danach gelangte er über mehrere Stationen 1824 als Geiger in die königliche Hofkapelle nach Berlin; heute vergleichbar mit den Opernorchestern der beiden Berliner Bühnen: Staatsoper und Deutsche Oper. Als Musiker war Wieprecht durchaus kein Wunderkind, sondern ein mehr oder weniger passabler Geiger. Was ihm aber besonders angeboren war,

- war ein großes Organisationstalent
- ein fester Wille, etwas durchzusetzen und
- die Vision, einmal als Dirigent mit einem großen Orchester – auch wenn es aus mehreren kleineren Ensembles zusammengesetzt sein sollte – aufzutreten.

Doch bis dahin war es noch ein weiter, mühevoller Weg.

Wieprecht hatte mit den Gepflogenheiten der Militärmusik in Berlin so gut wie keine Erfahrung und auch keinerlei Einfluss auf diese ihm noch fremde Welt. Er stellte jedoch fest, dass die Trompeterkorps in Berlin, von denen es ungefähr 17 Einheiten gab, in einem musikalisch sehr schlechten Zustand waren. Die Glanzzeit dieser Besetzungen war mit Ablauf des 18. Jahrhunderts zu Ende gegangen, und ihre Privilegien, die über Jahrhunderte bestanden hatten, wurden 1810 vom Preußischen König Friedrich Wilhelm III. aufgehoben.

So dümpelten die Trompeterkorps ohne musikalische Führung und ohne Zukunftsaussichten vor sich hin.

Für den Musiker Wieprecht war diese Misere leicht festzustellen. Und er sah auch die Möglichkeit, dies zu ändern, indem er einem dieser Trompeterkorps seine Dienste anbot. Sein musikalisches Können reichte aus, um bei diesen Militärmusikern Autorität zu gewinnen. Er probte mit ihnen und verbesserte so ihr musikalisches Niveau. Auch die damals an Trompeten und anderen Blechblasinstrumenten neu verwendeten Ventile führte Wieprecht bei dem von ihm betreuten Trompeterkorps behutsam ein. Schon bald bemerkten die anderen Trompeterkorps von Berlin den Erfolg, den Wieprecht mit der von ihm betreuten Truppe erzielte. Sie baten ihn, auch mit ihren Besetzungen zu arbeiten. Dieses Angebot nahm Wieprecht gerne an. Nach einiger Zeit, als in Berlin noch niemand den Namen Wieprecht kannte, hatte dieser auch die anderen Einheiten auf ein besseres musikalisches Niveau gebracht. Als Leiter von nunmehr drei Trompeterkorps in Berlin war es Wieprecht möglich, diese Orchester mit den gleichen Instrumenten auszustatten und mit allen die gleichen Stücke einzustudieren. Damit war die Voraussetzung geschaffen zu einem ersten, gemeinsamen Auftritt, der nicht mehr lange auf sich warten ließ.

Die Überraschung war perfekt und der Name Wieprecht's in Berlin in aller Munde, denn so etwas – ein gemeinsames Spiel mehrerer Trompeterkorps oder überhaupt mehrerer Blasmusikbesetzungen – hatte es bis dahin in Berlin noch nicht gegeben.

Doch wo Erfolg ist, da ist auch immer die Missgunst zur Stelle: Die Übrigen circa 30 unterschiedlichen Militärmusikkorps von Berlin und ihre Dirigenten waren entsetzt, dass ausgerechnet ein Zivilist militärmusikalisch Furore machte. Dem ersten Auftritt folgten natürlich weitere, bis auch dem preußischen König Friedrich Wilhelm III. diese Neuerung im militärmusikalischen Alltag Berlins nicht mehr verborgen bleiben konnte.

WIEPRECHT'S CENTRAL-PARTITUR
(Normal-Instrumental-Tableau)

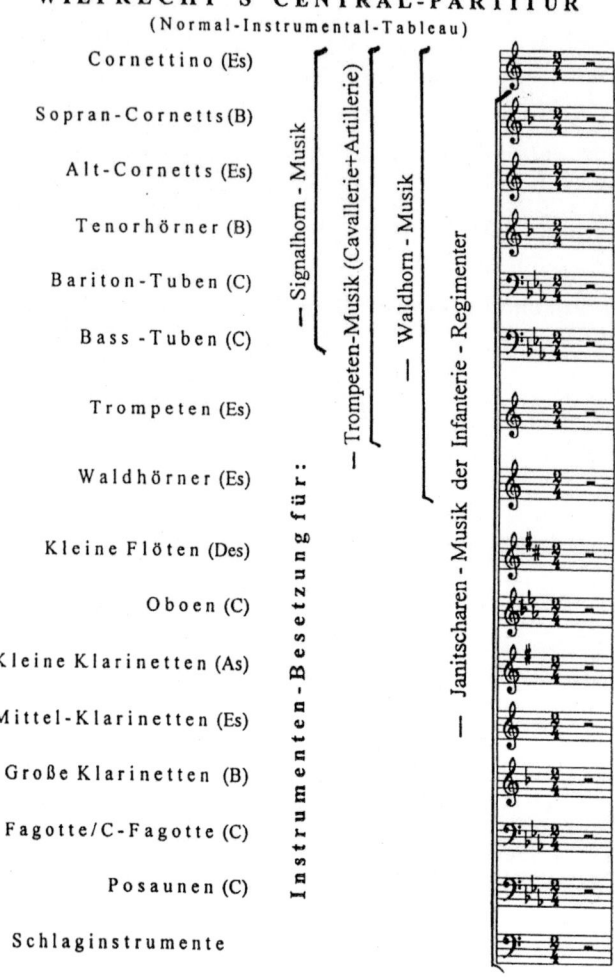

Cornettino (Es)

Sopran-Cornetts (B)

Alt-Cornetts (Es)

Tenorhörner (B)

Bariton-Tuben (C)

Bass-Tuben (C)

Trompeten (Es)

Waldhörner (Es)

Kleine Flöten (Des)

Oboen (C)

Kleine Klarinetten (As)

Mittel-Klarinetten (Es)

Große Klarinetten (B)

Fagotte/C-Fagotte (C)

Posaunen (C)

Schlaginstrumente

Instrumenten-Besetzung für:

— Signalhorn - Musik

— Trompeten-Musik (Cavallerie+Artillerie)

— Waldhorn - Musik

— Janitscharen - Musik der Infanterie - Regimenter

III.

Das erste Großkonzert der Berliner Militär–Musikkorps

Noch wären weitere Höhepunkte ausgeblieben, hätte sich nicht ein hoher Besuch in Berlin angekündigt: der russische Zar Nikolaus I. wollte im Mai 1838 nach Berlin kommen. Aus diesem Anlass beabsichtigte König Friedrich Wilhelm III. seinem Besucher etwas Besonderes zu bieten. Gegen alle Regeln des Dienstweges ließ er Wieprecht zu sich rufen und fragte ihn, mit wie vielen Militärmusikern er sich getraute, in Berlin ein Konzert zu geben. Und Wieprecht – mutig wie er war – antwortete: „Majestät, mit allen in Berlin stationierten Militärmusikern." Das war ein Wort! Der König, darüber hoch erfreut, erteilte den Auftrag dazu und gab auch jegliche Unterstützung, die zur Durchführung erforderlich war. Die etablierten Kapellmeister der Berliner Militärmusikkorps staunten nicht schlecht, als sie von diesem außergewöhnlichen Auftrag erfuhren; zumal von Wieprecht nicht überliefert ist, dass er jemals auch nur eine Stunde Dirigierunterricht erhalten hatte. Doch Befehl ist Befehl und so mussten sich die Militärkapellmeister – wenn auch zähneknirschend – den Anweisungen des „Zivilisten Wieprecht" fügen. Das erste „Militär–Großkonzert" fand dann auch tatsächlich als so genannte „Festmusik" am 12. Mai 1838 mit 1 200 Militärmusikern auf dem Schlossplatz in Berlin statt. So viele Militärmusiker gab es damals allein in Berlin(!). Ein Bericht über diese Veranstaltung von Wieprecht selbst überliefert die Aufstellung der Militärmusiker, die zu 16 Infanterie–Musikkorps und 16 Kavallerie–Korps gehörten. Dazu waren noch 200 Tamboure (Trommler) aus allen Berliner Truppenteilen zusammengezogen worden. Hier der Bericht von Wilhelm Wieprecht:

„Die Aufstellung geschah in einem offenen Carré, so dass 16 Infanterie–Musikkorps in Linie zu drei Rotten die Front zu mir, 16 Kavallerie–Korps ebenso den rechten und die 200 Tambours den linken Flügel bildeten. In der Mitte des Carrés stand ich, das Gesicht den Musikern zugewandt; die sämtlichen Schlaginstrumente der Infanterie–Musikkorps stellte ich im Halbkreise nahe zu mir, die Musik–Dirigenten und Tambour–Majore mit ihren Taktstäben ausgerichtet vor ihre Korps."

Gemessen an der kurzen Vorbereitungszeit und dem noch ungewohnten Zusammenspiel mehrerer Musik- und Trompeterkorps konnte das gespielte Programm nur aus wenigen Stücken bestehen: **der russischen Nationalhymne, ein paar Märschen und dem russischen Zapfenstreich[–Marsch]**. Nach dieser Festmusik wurde Wieprecht vor beide Majestäten gerufen und musste bestätigen, dass er diese Musik in zwei Tagen und mit nur zwei Proben einstudiert hatte.

Von nun an praktizierte Wieprecht auch weiterhin diese Neuerung in der Aufführungspraxis der Militärmusikkorps. So fanden im Anschluss an das Großkonzert in Berlin auch andernorts Veranstaltungen dieser Größenordnung statt. Im Jahre 1845 z.B. wurde Wieprecht nach Koblenz befohlen, um dort anlässlich eines Besuches der Königin Victoria von England die *„Musikkorps des 8. Armeekorps zu zentralisieren und bei den stattfindenden Festlichkeiten zu dirigieren"*. Immerhin waren auch dabei Infanterie–Regimentsmusikkorps, Trompeterkorps, ein kleines Hautboisten–Ensemble von acht Musikern sowie ein Kontingent Trommler beteiligt; insgesamt 560 Musiker. Hinzu kamen nun noch erstmals Fackelträger und eine Anzahl Soldaten unter Gewehr. Gespielt wurden zunächst Lieder, Märsche und Ouverturen. Zum Schluss folgten *„Der Zapfenstreich, die Retraite und ein Abendlied"*. Noch war es ein Anfang, aber doch leicht zu erkennen, dass es sich bei diesem festlichen Schluss um wesentliche Merkmale des ***Großen Zapfenstreich*(-Zyklus)** handelte.

Ein ähnliches *großes Militärkonzert* mit vier Regimentsmusikkorps und einem stark besetzten Tambourkorps veranstaltete Wieprecht zu Gunsten des Dombaus im Juli 1856 in Köln. Auch hier wurde erst ein großes Konzertprogramm gespielt, bevor zum Schluss – von Wieprecht selbst **erstmals** so bezeichnet! – *„der große Zapfenstreich"*[-Zyklus] folgte. Immer handelte es sich dabei noch um das gemeinsame Musizieren von mehreren deutschen Musikkorps. Inzwischen hatte Wieprecht sogar ein Partitursystem entwickelt, worin vier unterschiedliche Orchesterbesetzungen, nämlich Signalhornmusik, Trompetenmusik, Waldhornmusik und Infanterie–Janitscharenmusik erfasst worden sind: die so genannte *„Zentralpartitur für die Musik der ganzen Armee"*(siehe Abbildung S. 20). Nach diesem Partitursystem konnte nun nicht nur Wieprecht Großkonzerte mit mehreren Musikkorps veranstalten, sondern jedem beliebigen Kapellmeister war dies möglich, wenn mehrere deutsche Musikkorps zusammengeführt wurden.

IV.

Erstes Zusammentreffen

internationaler Militär–Musikkorps

Wiederum bot sich Wieprecht eine Gelegenheit, seine Vorstellungen von großen Militärkonzerten zu verwirklichen. Der Anlass war dieses Mal international und vor ganz großem Publikum: **Die internationale Weltauststellung in Paris im Jahre 1867**.

Die Veranstalter hatten sich ausgedacht, dass ein Wettkampf unter europäischen Militär–Musikkorps anlässlich dieser Ausstellung stattfinden sollte. Eingeladen und zugesagt hatten acht Staaten: Baden, Bayern, Belgien, Niederlande, Österreich, Preußen, Russland und Spanien. Dazu Frankreich mit zwei Militär–Musikkorps. Insgesamt also zehn Orchester. Absprachen hinsichtlich der Stärke und instrumentalen Besetzung der einzelnen Orchester gab es nicht. In der Tat waren auch alle Orchester von unterschiedlicher Personalstärke – 51 bis 85 Musiker – und verschiedenster instrumentaler Besetzung. Da die preußischen Militär–Musikkorps in der größten Besetzung nur circa 40 Musiker hatten, baute Wieprecht vor und plante den Einsatz mit zwei Korps; insgesamt 85 Musikern. Nach seinen Erfahrungen aus früheren Jahren war das Zusammenspiel zweier Korps für ihn reine Routineangelegenheit. Und Wieprecht hatte mit dieser Besetzungsstärke mal wieder den richtigen Tipp. Denn er war mit seinem Musikkorps das stärkste Orchester, gefolgt von Österreich mit 76 Musikern und Russland mit 71 Musikern. Auch Belgien hatte mangels eines großen Musikkorps zwei kleinere zu einer größeren Besetzung zusammengefügt. Da die Veranstaltung ein „Wettkampf" sein sollte, waren zwei Musikstücke für

Musikkorps
aus dem
Königreich der Niederlande

jedes Orchester vorgesehen: ein Stück nach freier Wahl und als Pflichtstück die Ouverture zur Oper „Oberon" von Carl Maria von Weber.

Neben einem sehr zahlreich erschienenen Publikum – berichtet wird von 30 000 Zuhörern – musste für die Feststellung der musikalischen Qualität der Ausführungen auch eine international zusammengesetzte Jury tätig werden. Vorgesehen waren ursprünglich vier Preise. Da jedoch nach einhelliger Meinung der Jury alle Orchester mit ihrem Spiel vorzüglich waren, entschieden die Juroren, jedem Orchester einen Preis zuzuerkennen. Allerdings waren die Anerkennungen nach erstem bis viertem Preis gestaffelt. Und wie könnte es anders sein, Wieprecht erhielt mit seinem preußischen Militärorchester einen ersten Preis. Dies ließ er auch sogleich in Berlin bekannt machen. Dass auch eines der französischen und das österreichische Musikkorps einen ersten Preis erzielten, wurde in der preußischen Berichterstattung nur nebenbei erwähnt. Immerhin, mit einem Musikkorps allein wäre das preußische Orchester als kleinstes weit abgeschlagen gewesen und hätte wohl kaum einen solchen Erfolg erzielen können.

Was bei dieser Veranstaltung jedoch für heutige Verhältnisse gänzlich unverständlich ist: ein gemeinsames Spiel fand nicht statt und wurde auch nicht entfernt in Erwägung gezogen! Ein Beweis dafür, dass 1867 ein Zusammenspiel internationaler Orchester unter Fachleuten nicht vorstellbar war. Woran hat es also gelegen? Der wichtigste Grund dafür war sicherlich die unterschiedliche Höhe des Stimmtons. Eine internationale Festlegung fand erst 1885 in Wien statt und zwar auf a'= 435 Hertz. 1939 wurde auf verschiedenen Standardisierungsvereinigungen der Stimmton auf a'= 440 Hertz festgelegt. Wenn auch heute diese Festlegung gelegentlich zugunsten eines noch etwas höheren Stimmtons verändert wird, so sind bei internationalem Zusammenspiel doch die 440 Hertz für den eingestrichenen Ton a ein anerkannter Wert.

Weitere Gründe gegen ein gemeinsames Spiel dürften die Arrangements gewesen sein. Zur Zeit der Pariser Weltausstellung musste noch jeder Kapellmeister ein Arrangement für seine Orchesterbesetzung anfertigen oder ein bestehendes Arrangement für seine Besetzung einrichten. Ein Arrangement für verschiedene bzw. für alle Besetzungen, die in Paris anwesend waren, war undenkbar. Ob auch gemeinsame Proben und eine gemeinsame Direktion dabei eine Rolle spielten, lässt sich nicht mehr ausmachen. Ein gemeinsames Spiel aller Korps wurde jedenfalls nicht erwogen.

Eduard Hanslick, der gleichermaßen versierte wie gefürchtete österreichische Musikkritiker und Professor für Musikgeschichte an der Universität in Wien, wurde zum Jury–Mitglied des „Concours des musiques militaires Européens" berufen. Als Augenzeuge des Wettstreits berichtete Hanslick über den Verlauf am 21. Juli 1867 Folgendes:

„Während die Teilnahme an Produktionen der französischen Sänger- und Bläservereine eine ziemlich mäßige war, fand der wahrhaft interna-

tionale Wettkampf der Militärmusiken im Indus-
triepalast unter dem enormsten Andrang statt.
Jede der Militärkapellen hatte zwei Stücke vor-
zutragen: die 'Oberon'–Ouverture als 'morceau
imposé' und eine Komposition nach eigener
Wahl.

Es war ein ermüdendes Stück Arbeit, in dem von
wenigstens 23 000 Menschen erfüllten heißen
Saal von 1 Uhr bis gegen 7 Uhr mit Aufmerk-
samkeit zwanzig Militärmusikproduktionen anzu-
hören. Meine Lieblings–Ouverture 'Oberon'
wurde mir bei dieser Gelegenheit so verleidet,
daß ich ihr für mehrere Jahre aus dem Weg ge-
hen muß. Aber alle Mühsal wurde reichlich auf-
gewogen durch den glänzenden Erfolg der Ös-
terreicher. Nie habe ich mit solcher Stärke die
Macht des Heimatgefühls, welches zuhause so
häufig einschlummert oder kritisch ins Gegenteil
überschlägt, an mir erfahren, als in dem Augen-
blicke, wo unmittelbar nach der bewunderungs-
würdigen Produktion der Preußen sich unsere
weißen Waffenröcke(!) im Halbkreis aufstellten.
Die Preußen hatten einen Applaus geerntet, der
nicht zu überbieten schien; aber nach der Musik
der Österreicher dröhnte der Saal wie im Orkan.
Alles schrie und schwenkte die Hüte und wehte
mit Tüchern. Noch einen ernsthaften Rival hat-
ten wir zu überstehen, die Pariser Garde, welche
im Besitz trefflicher Virtuosen und neuer Sax'-
scher Instrumente mit der Präzision eines Uhr-
werks wetteiferte. (Zweifellos eine Kapelle der

Garde Imperiale, von der Napoleon III., nach dem Vorbild seines Onkels, starke Einheiten verschiedener Waffengattungen formiert hatte.) Es war in der Tat nicht leicht, zwischen diesen drei Leistungen zu entscheiden, und so einigten wir uns rasch in dem Entschluß, statt eines ersten Preises deren drei von gleichem Wert an Österreich, Preußen und Frankreich zu verteilen." [1]

---

[1] Zit. nach E. Brixel u. a., Das ist Österreichs Militärmusik, Graz/Wien/Köln 1982, S. 207 f.

Deutsches Heeresmusikkorps
beim
Militärmusik–Tattoo 1986 in Mons/Belgien

V.

Zusammenspiel

von

Militär – Musikkorps

auf nationaler Ebene

DEUTSCHES STADION

Dienstag, den 8. Juni 1926, abends 8 Uhr

MUSIKFEST

der vereinigten Musikkorps
des Wehrkreises III

Leitung:
Armeemusikinspicient
Professor Oskar Hackenberger

Ankündigung eines Großkonzertes
im Deutschen Stadion in Berlin

In der Folgezeit verhinderten Kriege und deren Folgen ein Zusammenspiel von Musikkorps auf internationaler Ebene. Dagegen war ein Zusammenspiel auf nationaler Ebene in Deutschland häufig sogar eine Notwendigkeit, denn die Personalstärken der einzelnen Musikkorps wurden meist auf Kosten der Holzbläser stark reduziert. So kam es oft zu gemeinsamen Konzerten von mehreren Musikkorps, sei es in Bläser- oder Streicherbesetzungen. Besonders bei Bläserbesetzungen wurden dabei die richtigen Proportionen von Blech- und Holzblasinstrumenten vernachlässigt. Ein Übergewicht der Blechbläser mit allen musikalischen Konsequenzen war die Folge.

Dennoch wurde auf die Konzerttätigkeit der Militärmusikkorps nicht verzichtet. Von Seiten der Bevölkerung waren die Militärkonzerte sehr beliebt und erwünscht. Mehrere Eingaben von ziviler Seite an die militärische Führung belegen den Wunsch nach mehr und größeren Musikkorps. Doch blieb dieser Wunsch lange unerfüllt.

Der politische Wechsel in Deutschland im Jahre 1933 und die nachfolgende militärische Aufrüstung bescherten auch der deutschen Militärmusik einen Boom ungeahnten Ausmaßes. Es ist heute kaum noch vorstellbar, in welch kurzer Zeit die bestehenden Musikkorps personell vergrößert wurden, und welch unglaubliche Zahl an neuen Musikkorps in der Zeit nach 1933 entstanden sind. Die genaue Zahl lässt sich nicht mehr ermitteln. Zeitzeugen gehen von zirka 1000 (in Worten Eintausend!) Musikkorps militärischer und paramilitärischer Einheiten in Deutschland aus. Auch wurden die

Planstellen für Militärmusiker angehoben und den Dirigenten – vorher im Dienstgrad eines Feldwebels – der Status von Offizieren zuerkannt. Militärmusik blühte in Deutschland wie nie zuvor. Der eigentliche Zweck dieser militärmusikfreundlichen aber propagandistischen Politik wurde erst später erkannt.

Nebst den alljährlichen großen Veranstaltungen wie Parteitagen, Aufmärschen u. Ä. bot sich der deutschen Militärmusik ein erster Höhepunkt anlässlich der Olympischen Spiele im Jahre 1936. Hier war Militärmusik in besonderem Maße gefragt, und sie konnte sich mit ihrer ganzen Stärke und Wirkung zeigen. Großkonzerte und auch ein Großer Zapfenstreich im Berliner Olympia-Stadion waren die erfolgreichen Veranstaltungen zum olympischen Großereignis. Dass dabei kein internationales Militärkonzert oder gar eine Militärmusikschau in Erwägung gezogen wurde, lag in der politischen Ausrichtung der Spiele und der zukünftigen Planung kriegerischer deutscher Politik.

Mit Beginn des zweiten Weltkrieges war es mit der großen Zeit der deutschen Militärmusik vorbei. Die kriegerischen Ereignisse verlangten zwar noch Unterhaltung und Ablenkung, aber immer weniger Musikkorps waren noch spielfähig und hatten auch Gelegenheit, musikalisch–künstlerisch zu wirken. Wieder mussten mehrere Musikkorps zusammenrücken, um ein Auftreten noch musikalisch sinnvoll erscheinen zu lassen. Und wenige Jahre nach Kriegsbeginn verstummte die so volltönend erstarkte deutsche Militärmusik fast gänzlich.

Deutsches Luftwaffenmusikkorps

Deutsches Marinemusikkorps

Musikkorps aus den Vereinigten Staaten von Amerika

VI.

Internationale Militär–Musikkorps

in Deutschland

nach 1945

Mit dem Ende des zweiten Weltkrieges verstummte die Militärmusik in Deutschland vollständig. Die Musikkorps waren wie alle Einheiten der Wehrmacht und anderer Institutionen aufgelöst worden. Dafür regierten in Deutschland die alliierten Siegermächte mit ihren Truppenverbänden. Und dazu gehörten sehr bald auch deren Musikkorps. So erlebte Deutschland nach 1945 nicht nur die ausländischen Truppen der Amerikaner, Russen, Engländer und Franzosen, sondern auch deren **Militärmusik**. Während die französische, englische und besonders die russische Militärmusik so ganz fremd den Deutschen nicht gewesen sein dürfte, brachten die amerikanischen Militärmusiker den Deutschen Musikfreunden eine bisher ungewohnte, neue Musik zu Gehör. Auch äußerlich bot sich den Zuhörern ein anderes Bild. Die preußisch–deutsche Geradlinigkeit, das exakte militärische Auftreten der deutschen Musikkorps in Jahrhunderten bewährt, war den Amerikanern fremd. Sie spielten nicht nur ihre Militärmusik „aus der neuen Welt", sondern boten diese auch in sehr lockerem Auftreten den deutschen Zuhörern dar.

Mit der Aufstellung der ersten deutschen Militärmusikkorps und dem gleichzeitigen Beitritt Deutschlands zur NATO war der Weg nicht mehr weit zu einem gemeinsamen Auftreten und Musizieren der nun im militärischen Verbund zusammengehörigen Militär–Musikkorps. Gerade die Unterschiedlichkeit der Uniformen, und vor allem die landestypische, historisch gewachsene Militärmusik der beteiligten Musikkorps begeisterten die Zuhörer von Anfang an. Dabei war ein

Musikkorps aus Italien

Musikkorps aus der Ukraine

Musizieren in **zwangloser Bewegung** zuvor in Deutschland noch nicht vorgekommen. Marschmusik in strenger Ordnung ja, und Festkonzerte mit hunderten von Musikern war auch schon zu besonderen Anlässen geboten worden, aber Militärmusik in figürlichen Bewegungen, das war in Deutschland absolut neu.

Der Erfolg solcher Veranstaltungen von Anfang an gab den Verantwortlichen die Zuversicht, solche *Militärmusik–Festivals* in jährlichen Abständen zu wiederholen. Die ersten Veranstaltungen dieser Art gab es in

- Mönchengladbach (NATO–Musikfest: seit 1960)
- Bremen (Musikschau der Nationen: seit 1965 (43. Veranstaltung im Jahr 2007) und
- Kaiserslautern (NATO–Musikfest seit 1965; findet alle zwei Jahre im Wechsel mit Mönchengladbach statt.)

Es folgten:
- Hannover (Musikparade der Nationen)
- Oldenburg (Internationale Musikschau)
- Bayreuth (Internationales Militärmusikfestival)
- Berlin (Berliner Militärmusikfest seit 1995 jährlich)
- Köln (Kölner Militärmusikfest seit 2005 jährlich)
- u. a. m.

Fast alle dieser Festivals haben nicht nur eine Vorstellung, sondern je nach Nachfrage bis zu drei Vorstellungen hintereinander. Und alle sind ausverkauft. Das spricht für eine große Resonanz im Publikum und für die Beliebtheit dieser Veranstaltungen.

Obwohl das Berliner Militärmusikfest erst Jahre nach der Wiedervereinigung – im November 1995 – zum ersten Mal stattfand, wurde es schnell zur größten und erfolgreichsten Veranstaltung auf diesem Sektor. Begonnen hat diese Veranstaltungsreihe eigentlich schon viel früher als traditionelles „Tattoo" der britischen Militärmusik, das alljährlich im Herbst, gestaltet von den Musikkorps der westalliierten Truppen, in Berlin durchgeführt wurde. Zum letzten Mal zeigten die westalliierten Musikkorps diese Musikschau vor dem Abzug ihrer Truppen aus Berlin im Jahre 1992. Diese Vorführungen sind somit als Vorläufer für das erste **deutsche** Militärmusikfest in Berlin am 14. November 1995 anzusehen. Waren die Mitwirkende der Militärmusik–Festivals andernorts mehr oder weniger auf Musikkorps der NATO–Mitglieder bzw. auf europäische Musikkorps begrenzt, so entwickelte sich die Berliner Musikschau schnell zu einem wirklich internationalen, im wahrsten Sinne des Wortes **weltweiten Festival**. Militärblaskapellen aus allen Staaten der Erde kommen als Gäste des Militärmusikfestes nach Berlin. Damit erfährt nicht nur die deutsche Militärmusik internationale Beachtung, sondern auch Berlin, als die Hauptstadt des wiedervereinigten Deutschlands, erfreut sich alljährlich einer weiteren musikalischen Attraktion.

VII.

Vorbereitungen

für ein

Militärmusik–Festival

Wenn ein Musikkorps den Auftrag erhält, an einer Musikschau teilzunehmen, dann sind umfangreiche Vorbereitungen notwendig. Zunächst muss die erforderliche Zeit zur Verfügung gestellt werden. Das heißt, vor einem solchen Auftritt muss das Musikkorps von jeglichen Einsätzen freigestellt werden, um genügend Zeit für die Einstudierung des geplanten Auftritts zu haben.

Als erste Information müssen die örtlichen Verhältnisse bekannt sein. Findet die Schau im Freien (z. B. einem Stadion) statt, oder in einem geschlossenen Raum (z. B. einer Halle) ? Wie sind die Maße des zur Verfügung stehenden bzw. auszufüllenden Platzes ? Von wo finden Ein- und Ausmarsch statt ? Das sind nur einige der Organisationsfragen, die vorab geklärt werden müssen, bevor mit der eigentlichen choreographischen und musikalischen Arbeit begonnen werden kann.

Sodann folgt die erste Planung eines oder mehrerer „Bilder". Das sind die Aufstellungen, die erreicht werden sollen sowie Zu- und Abgang von denselben. Dabei liegen die Schwierigkeiten immer auf der Feststellung, dass aus der Marschformation heraus die Bilder erreicht werden müssen, und ebenso nach dem Bild wieder die Marschformation eingenommen werden muss. Diese außermusikalischen Entwürfe obliegen wie alle weiteren Abläufe in der Regel dem Leiter des Musikkorps.

Erst wenn die entworfenen Bilder sowie Zu- und Abgänge alle Kriterien erfüllen, kann an die musikalische Arbeit gedacht werden. Bei einer Musikschau ist mit großem Publikum zu rechnen. Dabei möchte sich jedes

Musikkorps
aus der
Arabischen Republik Ägypten

Musikkorps
aus der
Republik Rumänien

Musikkorps mit besonders erfolgreicher Musik präsentieren. Aus dem vorhandenen Repertoire werden dazu geeignete Stücke ausgesucht. Sie müssen zündend und möglichst allgemein bekannt sein. Je nach Örtlichkeit sollten auch solistische Darbietungen mit einbezogen werden. Sie lockern nicht nur die Musik auf, sondern bieten auch Gelegenheit, das Können einzelner Musiker aufzuzeigen.

Damit ist die Vorplanung aber noch nicht abgeschlossen. Eine weitere, schwierige Arbeit steht noch bevor. Die Musikstücke zum Aufmarsch zu den Bildern müssen jetzt den zeitlichen Erfordernissen angepasst werden. Das ist eine komplizierte musikalische Feinarbeit. Mit dem Ende des Aufmarsches zu einem Bild muss auch die Musik beendet sein. Wenn das Musikstück zu kurz ist, muss es durch Wiederholungen verlängert werden. Wenn es zu lang ist, muss es entsprechend gekürzt werden. Dabei stellt sich immer wieder die Frage, was kann wegfallen, was darf oder sollte auf keinen Fall gestrichen werden. Ist auch diese Arbeit befriedigend gelöst, geht es an die Einrichtung des Notenmaterials. Alle Stimmen der einzelnen Musiker müssen entsprechend der Planung eingerichtet werden. Auch müssen die Noten gegebenenfalls abgeschrieben, vervielfältigt oder auf Kleinformat gebracht werden, so dass die fertige Stimme von einer Noten-Marsch-gabel festgehalten werden kann.

Erst danach beginnt die eigentliche Probenarbeit. Parallel mit der Musikprobe im Studio beginnt nun das Einstudieren vom Einmarsch, Auflaufen zu den Bildern bis zum Ausmarsch. Vorherige Erklärungen und

Aufzeichnungen haben nur Entwurfcharakter. Die eigentliche Feinarbeit beginnt auf dem Exerzierplatz, der durch Aufzeichnungen möglichst genau dem Einsatz- und Aufführungsort gleichen muss. Fast jedem Musiker müssen dann seine Partien bzw. Figuren gezeigt werden. Die Musik bleibt in dieser Anfangsphase noch völlig außer Acht. Zunächst müssen die Figuren einstudiert werden, bevor die Musik und das Schaulaufen zusammen gebracht werden können. Diese erste Phase nimmt je nach Schwierigkeit in der Regel circa zwei Wochen in Anspruch. Wohlgemerkt, in dieser Zeit dürfen und können keine weiteren Einsätze stattfinden. Und auch ein trockenes Wetter an allen Tagen ist Voraussetzung. Ansonsten verlängert sich die Zeit des Einstudierens. Meist ergeben sich auch noch Änderungen bei den Figuren, die wie geplant nur auf dem Papier durchführbar waren.

Kennen alle Musiker ihren Part bei den Figuren so gut, dass sie sich auch noch auf die Musik konzentrieren können, dann ist der Zeitpunkt gekommen, einen ersten Durchlauf mit Musik zu probieren. Hierbei stellt sich schnell heraus, ob zeitliche Berechnungen und tatsächlicher Zeitbedarf übereinstimmen. Wenn nicht, müssen eiligst noch Änderungen vorgenommen werden.

Ist die Arbeit bis hierher getan, bleibt für die Tage bis zur Aufführung noch das Einstudierte so zu erhalten, dass es jederzeit abgerufen werden kann.

Noch aber sind nicht alle Anforderungen erfüllt. Inzwischen dürften die Noten für das gemeinsame Auftreten mit allen beteiligten Musikkorps eingetroffen sein, die der verantwortliche musikalische Gesamtleiter für das Schlussbild ausgewählt hat. Die Einstudierung erfolgt zunächst von jedem einzelnen Musikkorps selbst im Probesaal. Beim Eintreffen der Musikkorps am Einsatzort ist für Einzelproben keine Zeit und keine Gelegenheit mehr. Nur das Schlussbild mit allen Musikkorps gemeinsam wird noch einstudiert.

Bis zum eigenen Auftritt beginnt nun das große Warten. Ist es endlich soweit, dann sorgen Nervosität und Anspannung für die notwendige Konzentration. Das große Publikum lässt alle Anstrengungen vergessen. Ein wenig Stolz und Zufriedenheit mit dem Beruf und den eigenen Leistungen sind der Dank für wochenlange Arbeit.

Natürlich gehört auch noch eine gehörige Portion Organisation zum Ablauf. Der Veranstalter ist dafür verantwortlich, dass Unterkunft und Verpflegung den Anstrengungen der Musiker und Musikerinnen gerecht werden. Besonders wenn mehrere Veranstaltungen hintereinander vorgesehen sind, und an einem oder sogar zwei Tagen zwei Durchgänge stattfinden, ist eine gute Betreuung besonders wichtig, damit Freude und Konzentration aller Beteiligten bis zur letzten Vorstellung durchgehalten werden können. Nach den anstrengenden Tagen eines Militärmusik-Festivals sind für alle Musiker und Musikerinnen meistens ein paar Tage Urlaub fällig, die für das Sammeln neuer Kräfte dringend erforderlich sind.

Musikkorps aus Schottland

VIII.

Einschätzungen

zu Militärmusik–Festivals

aus der

Gründerzeit der Bundeswehr (1963)

und

aus heutiger Sicht (2005)

Wie in den vorausgehenden Kapiteln ausführlich dargelegt, gibt es die Militärmusik–Festivals in Deutschland erst seit 1960. Von Anfang an war diese Art der Darstellung von Militärmusik unter Fachleuten umstritten. Die Neuerungen, die Militärmusik in Verbindung mit freien Bewegungsformen mit sich brachten, waren für Zuschauer bzw. Zuhörer wie auch für die ausführenden Militärmusiker Neuland. Während Zuschauer und Zuhörer diese neue Art von militärmusikalischen Darbietungen sofort nicht nur akzeptierten, sondern daran Gefallen fanden und zu **Tausenden** die Veranstaltungen besuchten, waren und sind diese Festivals für die ausführenden Militärmusiker „gewöhnungsbedürftig". Nicht nur die besonders schwierigen Vorbereitungen für solch ein Festival waren und sind dafür die Ursache. Für die ehemaligen Militärmusiker, deren Darbietungen von alters her gemäß preußischer Tradition äußerst korrektes soldatisches Auftreten kennzeichnete, verlangte die Verbindung von Musik und Bewegung in loser Form neues Denken. Es waren hier vor allem die Musikkorps der verbündeten vereinigten Staaten von Amerika, die ein besonders lockeres Auftreten als Beispiel vorgaben. Bereits 1963 formulierte daher der damalige Nestor unter den Musikoffizieren der Bundeswehr, Friedrich Deisenroth, in: Mitteilungen für die Offiziere des Fachdienstes Militärmusik (Heft 5/6, 1963, S. 4 ff.) das Problem so:

„Unterliegt die Militärmusik der Bundeswehr strukturellen Veränderungen unter ausländischem Einfluß ?

Diese Frage wird oft von alten Soldaten nach Militärmusik–Veranstaltungen im NATO–Rahmen an die Chefs der Musikkorps der Bundeswehr gerichtet. Gemeint sind damit fast immer die sichtbaren Neuformen der Bewegung mit Musik, die in den einschlägigen Vorschriften der deutschen Armee am Ende des 19. Jahrhunderts und bis zum Ende des letzten Krieges nicht zu finden waren. [...]

Als typische Eigenart der deutschen Militärmusik im 19. und 20. Jahrhundert trat ihre zeremonielle Verbundenheit mit der Truppe hervor. Eine eigenständige, öffentliche Demonstration der Militärmusik fand nur auf der Ebene der Darbietungen vom Platzkonzert bis zum Saalkonzert mit übertragenen und originalen Werken der großen Meister statt. [...]

Der Geschmack des Massenpublikums jedoch soll nicht als Maß zugrunde gelegt werden. Es wäre sonst zu befürchten, daß auch unsere deutschen Militärmusiker mit wankenden Knien und rollenden Hüften (alles das in Uniform) Twist parodieren oder sonstige Gags servieren.

Deshalb muß das Auftreten der Musikkorps der Bundeswehr o h n e T r u p p e bei Veranstaltungen im In- und Ausland von der langen Tradition der deutschen Militärmusik beeinflußt sein, in deren Vordergrund immer die hochwertige und disziplinierte musikalische Leistung stand. Man sollte jedoch auch den Mut haben, notwendige Dinge zu wagen, wenn die Entwicklung dahin drängt."

In den fünfzig Jahren, in denen die Militärmusik der Bundeswehr nunmehr besteht, ist die Teilnahme an Militätmusik–Festivals zur festen Tradition geworden. Wenn auch nach wie vor mit großem Aufwand verbunden, gehört es heute zum Repertoire eines jeden Musikkorps, auch eine „Musikshow" präsentieren zu können. Die dazu erforderliche volle personelle Besetzung wurde in neuester Zeit hergestellt. Dennoch gibt es aus der Entwicklung des Blasmusikwesens in den letzten Jahrzehnten zu den Festivals auch eine andere Sicht. Alle Fachleute der Blasmusik sind sich darin einig und fördern es nachhaltig, dass Blasmusik die Position eines eigenständigen Kulturträgers in Deutschland und Europa darstellt. Dazu ist eine professionelle Blasmusik der einzig mögliche Weg, der wiederum eine hervorragende Ausbildung aller Musikerinnen und Musiker voraussetzt. Der auf Effekte und ausschließlichen Geschmack eines Massenpublikums ausgerichtete Auftritt eines Blasorchesters ist diesem Ziel nicht unbedingt zuträglich. Manfred Heidler beschreibt daher das Problem in „Musik in der Bundeswehr"(Essen 2005, S. 595) kritisch. Um so mehr, als zu dieser Zeit noch personell mit nur lückenhaft besetzten Musikkorps eine Musikshow nicht zu ihrer beabsichtigten Wirkung gelangte:

„Diese heute mit <Events> zu umschreibenden militärmusikalischen Großveranstaltungen, erfreuen sich derzeit augenscheinlich einer immer größeren, aber auch fragwürdigen Beliebtheit, wenngleich sie aber dazu angetan scheinen, den Militärmusikdienst medienwirksam <im Unter-

haltungsmarkt> zu positionieren. Eine moderne
Unterhaltungsindustrie und global aktive Me-
dien beeinflussen nachhaltig auch das musikali-
sche Konsumverhalten und die Erwartungen
hierzulande.[...]
Mit einer Darstellung des <DJ Ötzi> und Titeln
wie <Ich bin so schön...> verkommen die Beiträ-
ge unserer Musikkorps leider dann zum <ange-
peppten Sing-Song> im Stile der <Volksmusik-
scheunen>, die zwar Quote bringen, wenn sie
wöchentlich über die Sender flimmern, jedoch
dem gesamten und oft beschworenen Kultur-
schaffen des Militärmusikdienstes und der Blas-
musikverbände aber wenig zuträglich sind, und
so die ständig gelobte musikalische Qualifizie-
rung ins Gegenteil verkehren."

Die Musikkorps der Bundeswehr haben in vielen Jahren als Gastgeber und gleichzeitig Teilnehmer an Militärmusik–Festivals in Deutschland dem internationalen
Standard entsprochen. Sie haben dabei ihre preußisch–
deutsche Tradition durchaus nicht verleugnet und sind
dennoch auch neuen, von ausländischen Musikkorps
praktizierten Gepflogenheiten entgegengekommen.
Dieser Mittelweg hat sich bewährt und trägt als be-
trächtlich zu veranschlagender Faktor mit dazu bei,
der deutschen Militärmusik stets einen angesehenen
Platz unter den Teilnehmern internationaler Militärmusik–Festivals zu sichern.

Finale eines Militärmusikfestivals

IX.

Politische Voraussetzungen

für die Durchführung eines

· Militärmusik–Festivals

Eigentlich müsste dieses Kapitel an den Anfang der Ausführungen gesetzt werden. Denn ohne dass die politischen Voraussetzungen dazu geschaffen worden sind, ist ein Militärmusik–Festival nicht möglich. Dies zeigen Geschichte und Gegenwart gleichermaßen.

Als nach dem ersten Zusammentreffen internationaler Militärmusikkorps anlässlich der Weltausstellung in Paris 1870/71 ein Krieg ausbrach, waren alle musikalischen Verbindungen unter den europäischen Nationen abgebrochen und konnten erst nach zwei Weltkriegen 1956 wieder aufgenommen werden.

Auch hat nach dem Ende des zweiten Weltkrieges – in der Zeit des so genannten „Kalten Krieges" – kein einziges Treffen der Militärmusikkorps zwischen den Mitgliedstaaten der „NATO" und denen des „Warschauer Paktes" stattgefunden. Nicht einmal die Musikkorps der beiden deutschen Staaten trafen zwischen 1945 und 1990 bei irgendeiner Veranstaltung zusammen. Ein Zufall kann das nicht gewesen sein. Vielmehr wurde von Seiten der DDR ein Zusammentreffen der Musikkorps der Bundeswehr und denen der Nationalen Volksarmee unter allen Umständen verhindert.

Diese Beispiele verdeutlichen, dass für ein Militärmusik–Festival politisch ein gutes Einvernehmen unter den beteiligten Staaten geschaffen sein muss, um eine solche Veranstaltung erfolgreich durchführen zu können. Und für alle Musikerinnen und Musiker ist die Teilnahme an einem solchen internationalen Event eine große Befriedigung, mit der eigenen Anstrengung und mit Musik zur Völkerverständigung beigetragen zu haben.